mela

poma

pera

pera

arancia

taronja

limone

llimona

uva

raïm

fragola

maduixa

cocomero

síndria

cocco

coco

banana

plàtan

lampone

gerd

kiwi

kiwi

ciliegia

cirera

mirtillo

nabiu

prugna

pruna

pesca

préssec

fico

figa

ananas

pinya

mango

mango

cachi

caqui

cavolfiore

coliflor

zucchina

carbassó

melanzana

albergínia

carota

pastanaga

patata

patata

cavolo

col

pomodoro

tomàquet

spinacio

espinacs

broccolo

bròcoli

piselli

pèsols

zucca

carbassa

zucca pepona

carbassa cacahuet

avocado

alvocat

carciofo

carxofa

fungo

bolet

ravanello

rave

aglio

all

cipolla

ceba

barbabietola

remolatxa

porro

porro

peperone

pebrot

peperoncino

pebrot picant

asparago

espàrrecs